伊藤まさこの　器えらび

伊藤まさこ

ＰＨＰ研究所

はじめに

しあわせを感じる時ってどんな時？
こんな質問をされたら、私はこう答えます。
「おいしいものを食べている時」って。
子どもの時から、今にいたるまで、そしてこれからも、
それはきっとずっと変わらない。

料理は不思議なもので、
器ひとつ、盛りつけひとつ変えただけで、
おいしそうにもまずそうにもなる。
でも、せっかく作ったのなら、
おいしく見えたほうがいいに決まってる。

料理に合う器をえらんで、その器に見合う盛りつけをする。
よし今日はいうまくいったぞと思ったり、
ああ、この器じゃなかったなと思ったり。
そんなこんなの毎日を乗り越えて、
「うまくいったぞ」なんて日が、
今では少しずつ増えてきたように思います。

この本では、
我が家の食器棚に並ぶ器のこと、
そしてそれにまつわる話を書きました。
出合った時のこと。
どんな料理と相性がいいか。
好きな理由。

話とともに思い浮かぶのは、おいしい思い出。
一緒に食べた人のうれしそうな顔。
器って、ただ形のある「もの」じゃあない。
人をにっこり、しあわせにさせるんだなぁ、
なんて思うのです。

伊藤まさこ

伊藤まさこの器えらび　もくじ

島るり子さんの器

盛りつけがいのある器

陶芸家の島るり子さんの器を初めて見たのは、もう二十年も前のこと。この粉引《こひき》の器に料理を盛ってみたい。きっとおいしそうに見えるにちがいない。カフェオレボウルとしても使えそうな、その小さなどんぶりは、見るからにあったかくってやさしくて、きっと島さんご自身もこんな方なのだろうなぁと勝手に推測したのでした。

お目にかかることができたのは、それからほどなくしてからのこと。私の予想はやはり的中。お腹空いてない？　よく眠れた？　寒くない？　自分のことよりまわりの人のことをまず考える島さん。なんと懐《ふところ》深く、愛に溢《あふ》れた人なのだろう。そのお人柄にすっかり魅了された私は、よりいっそう島さんの器が好きになりました。

「粉引だからといって、しみなどあまり神経質にならなくてもいいと思うの。使っていくうちに変化していく、その様子ごとたのしんで」という言葉もうれしくて、どんぶりや飯碗《めしわん》、猪口《ちょこ》など、使わない日はないくらいの活躍ぶり。

高さは三センチほど、リムもなく平らな表面の、このまあるい器もそのうちのひとつ。一見つきあい方が難しそうに見える器ですが、これがなかなかどうして盛りつけがいがある。器をキャンバスに見立て、絵を描く時の感覚で配置すると、ぴしりと決まるのです。

お漬物、和菓子、そして今日は穴子寿司を。できあいのものですが、こうして器に移し替えると美しいでしょう？

ピッチャー

眺めているだけでうれしい

「毎朝、コーヒーか紅茶を飲みますが、使うカップはイッタラのティーマと決まっているので、ピッチャーで変化を楽しんでいます」。もう何年も前に出した自分の本を眺めていたら、ピッチャーについてこんなことを書いていました。そこに載っているピッチャーは八個。それから何年も経って、八個どころか、ゆうにその三倍は増えて、今やピッチャー天国です。

ティーマは今でも現役ですが、その後、カップの種類もあれやこれやと増えました。年齢を重ねるごとに、好きな器も増えてきたということでしょうか。「もう増やさない」「いやいや、好きなものならたくさんあってもいいんじゃない？」行ったり来たりする気持ちが、この先、どんなところに落ち着くのか自分でも楽しみでもあります。

さてそのピッチャーですが、小さなものもあれば大きなものもあって、すべて使いこなしているかというとそうでもない。姿形はよいけれど、汁切れが悪かったりすると、なんとなく食器棚の後ろのほうに行ったりして……それでも、だれかにあげたりすることなく、ずっと持ち続けているのは、愛着のある器だからに他なりません。だって、眺めているだけでなんだかうれしいもの。

　時々、リビングの白い棚の一角にずらりと並べてその姿を愛《め》でます。目の高さより少し上の位置にある、下からのピッチャーの姿は、ふだんあまり見ることがないので、なかなか新鮮。そうか、器をいつもと違う場所におくのもいいものだなということに気づかせてくれたのでした。

フランスの白いプレート

余白が腕の見せどころ

しっとりおだやかな白のオーバルプレートはフランスの古いもの。知人のアンティークショップで見かけていいなと思ったのが二十年ほど前のことでした。当時、アンティークといえば、デコラティブだったり、重々しすぎたりと、日本で目にするものは、いかにもそれ風なものばかりで、なかなか自分にしっくりこなかったのですが、そのお店のものは適度に肩の力が抜けていて、こなれた印象。ああ、これ欲しいと素直に思えるものが多いのでした。

その後、同じ店で、白い無地のプレートを揃《そろ》えるうちに、白ブームが来たのか？　と思うほど、こんな感じのプレートを揃える店が増えました。器の流行《はや》りは、食の流行りと直結しているにちがいないから、きっとみんなこのプレートに合うような、ちょっとだけ軽めのフランス風な料理を作りはじめたのかしら？　そんな風にも思ったものです。真相は分かっていないけれど。

その国で作られたものは、その国の料理がよく似合う。私はオーバルのプレートには、サラダニソワーズや、パテやテリーヌ、バゲットの盛り合わせを合わせます。このプレート、少し大きめなので、余白をどのように埋めるか、または生かすかが腕の見せどころ。

もちろんチーズとの相性もいい。一緒に、パンやぶどうも盛り合わせて、メインの後の一皿にします。添えたのはぶどうの葉。ちょっとあしらうと白い器にはえていい感じでしょう？　これに、あとは赤ワインでもあれば、おしゃべりもはずむもの。仲間と過ごす時に必要不可欠な一皿です。

KRATZ
NIETROESTEND

取り皿

どうぞご自由に

しょっちゅう友人が遊びにやってくる我が家。年齢も赤ちゃんから七十代までいろいろ。住むところも職業もばらばらですが、いろんな垣根を越えて「友だち」そう呼べる、いい関係が築けています。ありがたいことです。

お客様が来る時のテーブルコーディネートはいたってふつう。若い頃はそれなりに「おもてなし風」にしたこともありましたが、いつからか、ふだんのままでいこう、それでいいじゃないかと肩の力が抜けました。だって毎回がんばっていたら、人を呼ぶのが億劫《おっくう》になってしまうもの。

友だちを呼ぶ時は、まず①あらかじめ何種類か前菜を用意しておくこと。②メインはオーブン料理か煮込みにすること。台所にこもらなくていいように、みんなと一緒に楽しむためにといきついたルールです。それから③お箸や取り皿、グラスは、どうぞご自由にここから取ってね、とテーブルの上に用意。器がなくなると、食器棚に取りに行く人もいれば、洗い物を始める人も。みんな「勝手知ったる」というかんじで、それがとても気楽でいいのです。

取り皿は五寸ほどのものをいくつか用意します。お客様が来た時に限らず、ふだんから使える、ほどよい大きさなので持っているととても重宝。素材は粉引や焼き締め、染めつけなどいろいろあると、テーブルの上がにぎやかでたのしげな印象に。

黒い皿も、粉引の皿も、どちらももう二十年近く使い続けている我が家の定番の器です。

鋼正堂

ふつうであること

「器を作ってみたい」。数年前から、そんな思いがふつふつと湧いてきました。といっても自分でろくろを回して……というのではなく、欲しいと思う形や質感の器を、ある程度の量を作り、みなさんに買っていただくところまでが私の考える「作る」ということ。しかしながら使う専門で、いざ作るとなると、どこからどう始めてよいのか全然わからない。そこで白羽の矢が立ったのが友人の陶芸家、内田鋼一さんです。

まず私が提案したのは、ディナー皿、スープ皿、パン皿。ちょっと温かみのある質感で、おだやかな白。毎日使えるよう、丈夫で値段も控えめなものを、と。それから一年あまり。ああでもない、こうでもないと（おもに内田さんと製陶所の方ですが）試行錯誤を重ねて、よし、これだ！　と思える形になったのが去年の夏のことでした。

作る途中で、耐熱のオーバル皿も欲しいとか、キャセロールもいいねぇなどと夢は広がり、六つのアイテムでの展開に。名前は鋼一の「鋼」と、私の本名「正子」の正を取って「鋼正堂《こうせいどう》」となりました。

鋼正堂の器のいいところは「ふつう」であること。これから先、ずっと使えるであろう、毎日使ってもけして飽きることはないだろう、そういう意味でのふつう。それって今まであんまりなかったのではないかなぁと思うのです。でも、じつはその「ふつう」のそこかしこに工夫が込められている。これは内田さんという相棒がいなかったら、できなかったことなのでした。

プレート、鍋、耐熱皿。
それぞれ質感はちがうけれど、
どれもおだやかでやさしい印象の白。

鋼正堂の器は、いわゆる「量産」のものですが、じつは土の重さを量ったりせず、職人さんによる目分量。型こそ使いますが、ろくろなどの成形もすべて手で行われます。

「誇張して手作りっぽくするんじゃなくて、作る過程で出るちょっとした歪みや揺らぎ、釉薬《ゆうやく》の調子が違うことをよしとしよう」という内田さんの言葉からも分かるように、量産だけれど、量産には見えない、手仕事と量産の間のほどよさみたいなものが表現できたのでした。

さて、できあがった器を使いはじめて半年あまり。自分の料理やテーブルに馴染《なじ》み、食器棚に重なった姿も美しい。道のりはけして楽ではなかったけれど、こうして形になって本当によかった。鋼正堂の器のよさが多くの方に分かってもらえるといいなぁ、なんて思っています。

ドライカレー

①にんにく、玉ねぎ、にんじん、ピーマンをみじん切りにする。
②鍋に①のにんにくと玉ねぎを入れ、たっぷりのオリーブオイルで炒め、さらに豚のひき肉とにんじんを入れ、炒める。
③②にトマト缶を入れ、煮立ったらピーマンとカレー粉を入れ30分ほど煮詰める。塩で味を調える。

今、買える店

桃居

器を買いたいけれど、どこがおすすめ？　と聞かれたら、まっ先に思い浮かべるのが、こちらの桃居《とうきょ》。店主の広瀬一郎さんは、ここ西麻布で三十年以上にわたり「暮らしの中で使う器」を、私たちに紹介し続けてくださっています。

広瀬さんはお忘れかと思いますが、私がスタイリストのアシスタントをしていた二十代の初め（もう二十五年も前）、雑誌のページに合う器を探しに桃居を訪れた時のこと。当時は私も若かったのでしょう、長い時間、お借りする器を決めかねている私に「好きな服をえらぶように、好きな器をえらべばいいと思いますよ」。なんとシンプルでやさしい言葉なのでしょう。広瀬さんのこの一言は、それからの私の器えらびの指針に大きく影響したのでした。

「作り手と使い手の橋渡しをしたい」そうおっしゃる広瀬さん。お店を長くされる間に、どれだけの橋渡しをされたことかと思いますが、それでも今なお、いつでもアンテナを張っていたい、そうおっしゃいます。長くおつきあいされている作家はもちろんのこと、新しい作家の個展もどんどんしていきたいとのこと。私をふくめた器好きは、次に広瀬さんがどんな人を見つけ出してくるのだろう？　と興味津々なのです。

お店は、西麻布の交差点から少し入った自然光の差し込む静かな場所。年に四〇回（!）ほど行われる作家の個展以外におすすめは、少しのんびり見ることのできる常設。広瀬さんの声に耳を傾けながら、じっくりゆっくり器えらび。気に入りの器がきっと見つかるはずです。

広瀬さんと。
訪れたこの日は、升《ます》たかさんの個展が。運良くご本人にもお目にかかれ、うれしいひとときを過ごすことができました。

こちらは常設のコーナー。郡司《ぐんじ》庸久《つねひさ》さんや光《みつ》藤《ふじ》佐《たすく》さんなどの作家の器が並びます。分からないことがあったら、広瀬さんにたずねて。親身になって答えてくださいます。

今、買える店

マーガレット・ハウエル

器でも、服でも、食料品をあつかうスーパーでも。お店を訪れた時に「ああ、ここの店主は、こういうことがしたいんだなぁ。なんだかいいなぁ」そんなことを感じさせてくれる店が好きです。なんでも揃っていなくてもいいから、便利じゃなくていいから「自分の好きなものはこれです」というような、すっくとした姿勢を見て取れる店が。

時々、散歩がてら出かけるのは神南のマーガレット・ハウエル。ここを訪れるといつも「だれかの家に遊びに来たみたい」そんな親近感を覚えます。自分の美意識をきちんと持った大人の女性が住んでいるかのような空間は、いるだけで気分がいい。ああ、どれかひとつ家に欲しいな、使ってみたいな、そんな気持ちになるのです。マーガレット・ハウエルの服と一緒に並ぶのは、家具や照明、それから器。本国イギリスのプロダクトはもちろん、日本の土鍋や磁器の器、茶筒など、ここにあるのは、すべて彼女のお眼鏡に適《かな》ったもの。シンプルでモダン、でもどこか温かい。それが私を惹《ひ》きつける理由ではないでしょうか。

店内をゆっくり回ったら、となりのカフェでお茶でも、なんて気分になるのはいつものこと。マーガレット自身も気に入りのブレンドティーとともに今日、えらんだのはスコーン。ブラウンベティのティーポットやデンビーのカップ&ソーサーやプレートなど、お店で売っているものが使えるのもうれしい。

時おり、近くに仕事場を持つ友人とばったり、なんてことも。ここは私にとって渋谷のオアシスになっています。

店内の一角、南部鉄器やウェッジウッドのキャンドルスタンドが並ぶ棚。ドリッパーとマグやポットがセットになったコーヒーウェアは、日本のメーカーKINTOのもの。他に、野田琺瑯《ほうろう》や柳宗理のプロダクトなどおなじみのものもありますが、この空間で見るとなぜだか新鮮。

器をえらぶ時は、じっさいに手にとって、いろんな角度から見え方を確認します。

ヴィンテージのアーコールのテーブルに並ぶのは、ロンドンの陶芸家、ニコラ・タッシーのジャグ。すべて手で作られるので、ひとつひとつ微妙に形が違うところがいい。

我が家でも使っている、イギリスの定番であるブラウンベティのポットがディスプレイにも。ここが渋谷であることを忘れそうな、自然光がたっぷりの気持ちいい空間。

日本民藝館

宗教哲学者の柳宗悦《むねよし》によって集められた焼きものや塗りもの、染色、家具などの暮らしの道具が並ぶ駒場の日本民藝館。その蔵品はおよそ一七〇〇〇点にもおよぶのだとか。

展示が変わるたびに訪れますが、いつ訪れても新鮮な驚きがある。もちろん、展示しているものがじっさいに買えるわけではありませんが「よいものを見る」というのは、器づかいがうまくなる近道のひとつでもあると思うのです。

展示を見た後、吸い寄せられるように足が向くのが、一階のミュージアムショップ。白磁の皿や吹きガラスのコップ、ポーチドエッグ専用の耐熱皿、竹細工、民藝に関する書籍などなど、元は織物の展示室だった部屋にところせましと「今、買えるもの」が並びます。比較的、買いやすいお値段のものが多く、展示を見た後の興奮も手伝って、ついつい欲しくなってしまう。

……そんな人は私だけではないようで、店には「どれにしようかな?」なんてワクワクしながら買い物をしている人がたくさん。外国からのお客様も多く、お国に帰ったらどんな風に使うんだろう? なんて想像したりも。ミュージアムショップで、私たちの暮らしに馴染む器が見つかるのってとてもうれしいことだと思うのです。

スウェーデンの楕円皿

旅の楽しみ

スウェーデンの街を歩いているとよく目にするのが市営や国営のリサイクルショップです。掘り出し物がざくざく……というほどではないけれど、時々よいものとの出会いもあるので、見かけると立ち寄ることにしています。

そこでの楽しみのひとつが、訪れる人を眺めること。不要な服をどさっと持ち込む若い人の横で、鍋でも買おうかしら？　と物色している老夫婦が。その横では、小さな子どもがお母さんとぬいぐるみを見ていたり……捨てる神あれば拾う神ありとはまさにこのことで、その循環のよさは感心するばかり。日本にもこういう店が増えればいいのになぁと毎度思うのです。

洒落《しゃれ》たヴィンテージショップより値段がかなり手頃というのも魅力で、ここで買ったガラスのジャーや白樺の皮で編まれたかごなどは、皆「え!?」と驚くほどの破格値。これだからリサイクルショップは楽しい。

縁にカモメが描かれた楕円皿や、チャイナ柄と紋章のようなマーク入りの皿もリサイクルショップの戦利品。ふだんだったらえらびそうにないモチーフ入りも、この値段なら買ってみようかな？　という気持ちになるというもの。使ってみると、案外柄は気にならず、むしろまったくかわいくない（でもそこがご愛嬌《あいきょう》でもある）カモメの表情や、なんちゃって感漂うチャイナ柄が愛おしくなったりして……これは自分でも意外な発見なのでした。

ちょっとした欠けや、カトラリーの跡を見るたび、あの楽しかった旅を思い出す。器のひとつひとつに思い出が宿っているのです。

ちょっとイギリスのウィローっぽくもあるけれど、れっきとしたスウェーデン製。ポテッとした質感がかわいいのです。

チャーシューはちょっとだけ柄が見えるように盛ってみる。他に花巻や海老麺なども相性よし。

レシピ→p.158

カップ&ソーサー

紅茶好きの娘へ

美しいものが好きな娘。とくに食べることに関しては「レストランで隣に座った人のナイフとフォークの使い方がすごくきれいだった」とかふだんより気合を入れて盛りつけると「わー、きれい!」といつもより言葉数が多くなる。

さすが食いしん坊の娘……と感心するばかりですが、ただ食い気に走るだけではなく、ちゃんと食まわりのあれこれを落ち着いた目で見ていて、それは親としてとてもうれしいことだなぁと思っています。

そんな娘が二年ほど前からはまっているのが紅茶。時々、お小遣いをはたいて、ひとりでマリアージュ フレールに行き、お茶の時間を楽しんでいるよう。理由をたずねると「店にあるすべてのものがきれいだから。味も、ティーストレーナーとかの道具にいたるまで」とのこと。ほほう、さすがの「きれい」好き。紅茶ときましたか。

ならば……とえらんだのは、(奥から)アラビアの古いものと、光が透けて見えるくらい繊細なリモージュ焼き、そして梅の木に小鳥がとまった様子が描かれたちょっと中国風なカップ&ソーサー。それぞれマーケットや、友人のセレクトショップ、アンティークショップなどで見つけたもの。それを自分の部屋の飾り棚に入れて、うれしそうに眺めている。ああ、贈ってよかったなぁと思う瞬間です。

「華奢《きやしや》で繊細でいて、どこか感じのいいもの」。娘のお眼鏡に適うかなぁと思いながらえらぶのはなかなかに楽しい。何かお題を与えられたみたいで。

花柄プレート

一枚また一枚

器はなるべくシンプルなものがいい。だって主役は料理だもの。ましてや花柄なんて、自分には遠い存在。我が家の食器棚に並ぶことはないんだろうなと、つい最近までかたくなにそう信じていました。ところがどうしたことか、ブルーやグリーン、さらにはピンクまで！　今では一〇枚もの花柄プレートが食器棚に鎮座している。これは自分でも思いがけないことでした。

きっかけは北欧旅行。マーケットやアンティークショップで、いいかんじに年月の経った花柄のプレートを見ているうちに、ああいいなぁ、これ好きだな、使ってみたいな。そんな思いがふつふつと湧き上がってきました。思い切って一枚買うと火がついて、一枚、また一枚……。家に帰って、並べてみると、わーなんてかわいいんだろう！　すっかり上機嫌です。柄がじゃまをするどころか、料理をさりげなく引きり立ててくれる効果もある。あのこだわりはいったいなんだったんだろう？　と拍子抜け……。

古いものなので、揃いで売っていることは少ないのですが、それもまたよかったみたい。ブルーやグリーン、それからピンク。色とりどりのプレートが並ぶ様子はさながらお花畑。許容する範囲が広がるって、いいことなのだなぁ。

かぼちゃのポタージュ

①玉ねぎはみじん切りにし、たっぷりのバターであめ色になる手前まで炒める。かぼちゃは蒸す。

②①に牛乳と水少々を足し、ミキサーで滑らかにし、鍋に入れあたため、塩をする。

お弁当箱

小さな宇宙

お弁当を作りはじめた時に決めたこと。それは「無理はしない」。だって毎日のことですもの、がんばりすぎたら疲れてしまうし、長く続けられないと思ったから。最初に、肩の力を抜くぞと決めたせいか、なんとかかんとか十年以上、作り続けることができたのも、「色とりどりのかわいらしいお弁当より、茶色一色でいいからおいしいものを」という娘の地味好みが幸いしたのかもしれません。そう、我が家のお弁当は、ひじきの煮物とかおひたしとか、そんなふだんのおかずを詰めたものばかり。あまり手はかかっていないのでした。

小学校入学の時に買った曲げわっぱは使い続けて十四年になりました。その間、いいなぁと思うお弁当箱との出合いもたくさんありました。おにぎりにはこれ、ちょっと量を多めにしたい時は二段のもの。時々目先を変えて、細長い曲げわっぱに……という具合。箱が変われば詰め方も変わるもので、新しいものを買うたびに課題を与えられたようで、これが難しくもあり楽しくもあり。詰め終わったお弁当を見ると、「お弁当は小さな宇宙」と言った知人の言葉を思い出すけれど、それはなかなかどうして言い得て妙だなと思うのでした。

毎日作っていたお弁当も、今では月に一、二度ほどになりました。お弁当箱の出番も少なくなるのでは？　と思うでしょう。いえいえそんなことはありません。いただきもののお菓子を入れたり、保存容器の代わりにしたり、わざわざおかずとごはんをお弁当箱に詰めて家で食べたり。いつものおかずも、お弁当にするとなぜだかおいしく感じる。これを私はお弁当マジックと呼んでいます。

ふだんのおかずをお弁当箱に詰めて冷蔵庫へ。

保存容器だと味気ないけれど、お弁当箱ならそのままテーブルに持ってきても、他の器とすんなり馴染みます。

耐熱皿

重みも
旅の思い出

旅先のマーケットで目が行くのは、ずしりとした耐熱皿。作られた年代や窯《かま》に特にこだわりはなく、えらぶ基準は、なんだかいいなとピンとくるもの。作りたい料理が思い浮かぶもの。ここ最近は、旅の記念になにかひとつ耐熱皿を、と思うほどの熱の入りようです。

「重いから持って帰るのに躊躇《ちゅうちょ》したでしょう?」と心配されることがあるけれど、その苦労もなんのその。重みも旅の思い出のひとつとばかりに、えっちらおっちら運びます。持っているのは、ほぼすべてが古いもので、裏を返すと、いい具合に焼き色がついていたりして前の持ち主の跡が見て取れる。じゃがいものグラタンを作ったのかな? こっちはサーモンのオーブン焼き? なんて、買った国のご自慢料理を想像しながら器を眺めるのもまた楽しいものです。

今日は、耐熱皿とは相性ぴったりのじゃがいものオーブン焼きを。材料を切って器に入れたらあとはオーブンにおまかせという、忙しい身にはとても助かる料理。簡単だし、なによりおいしそうでしょう? 熱々をテーブルに運んで、ハフハフ言いいながらどうぞ。

じゃがいものオーブン焼き

①耐熱皿に適当な大きさに切ったじゃがいもとタイムを入れ、オリーブオイルをまわしかける。
②200度のオーブンで焼き色がつくまで焼き、塩をする。

日本の土鍋も私にとっては耐熱皿と同じくくり。国境を越えていろんな料理を盛ってしまう。
ビビンバ　レシピ→ p.158

北欧のガラスポット

火のまわりには人が集まる

友人がお茶に呼んでくれたのでいそいそ向かうと出迎えてくれたのはシュンシュンと湧くやかんの音。懐かしの石油ストーブ、まだ使ってたんだと驚きつつも、やっぱりなんだかなごむねぇと、ストーブを囲んでのおやつタイムとなりました。キャンプファイヤーとか、焚《た》き火とか。「火のまわりには人が集まる」というけれど、それすごく分かる。だって、ゆらゆらゆらめく炎って、いつまでも飽きないし、心が落ち着くもの。

そんなことを思っていた矢先、北欧雑貨のバイヤーをしている友人のところで見つけたのが、この耐熱のポットです。下に小さなキャンドルをおくと、ポットの中のお茶がほの温かくなるという、便利でいながらロマンチックさも感じさせてくれるすてきなもの。

デザインしたのはシグネ・ペーション・メリンという女性とか。友人もとても好きなアイテムで、見つけると必ず買うのだそう。「でもガラスは繊細で壊れやすいから、梱包にはとても気を使うの」と言っていましたが、本当に大変な作業だと思う。彼女のような人がいるから、私たちは日本にいながらにして、状態のよいヴィンテージと出会えるのだと感謝するばかりです。

時々、炎を眺めながら、立ち込めるお茶の香りをかぐと体がゆるんでいく。それと同時によしあともうひとがんばりしよう、なんて気分にもなるものです。そう考えると、ほっと一息のお茶の時間と、その時間を豊かにしてくれるポットなり、茶器なりの器えらびは、とても重要だなぁと思うのでした。

片口

もはやアート

器にぴょこんと注ぎ口がついた片口は、どこかかわいらしい姿をしていて愛すべき存在。酒器として使うこともちろんありますが、私は器として使うことのほうが多いかな。野菜の炒め煮、ひじきの炊いたの、サラダ、あえもの……なんでも盛ってしまいます。丸い皿が並ぶ中に、ポンとひとつ片口が置かれると、おっ？　と目がいく。「アクセントになる」とでも言えばいいでしょうか。

私の友人にも片口好きを自認する人は多い。ドレッシングやタレを入れたり、花を活けたりと、みんなそれぞれ自由に使っている。ああ、なるほどねぇと思わせる使い方をしていて勉強にもなります。

汁切れはさほど気にはなりません。もちろん、キレがいいに越したことはないけれど、そのことにとらわれるより、全体のバランスに美しさや愛嬌を感じるものが好みです。それから大事なのは、手に持った時のかんじのよさ。どれが正解というのは難しいのですが、もしもお店で気になったものがあったら、まずは手に取ってみるといいでしょう。重みや質感など、きっと自分にとっての「かんじいい」があるはずです。

写真の片口は、一目惚れして買ったもの。店に入るなり「あ、これ欲しい！」と口をついて出てしまいました。「注ぐための器」というより、もはやアート。時々出しては、絵を飾るように部屋に置いています。いろいろ持っている中で、私の中ではこれはわりと特別扱い。だって「盛らない器」だもの。でも時にはそんな器があってもいいものだと思うのです。

食べてほっとする、しみじみした
おかずがお似合い。今日はかぶの
炒め煮を。
レシピ→ p.158

その日の気分で

小さな頃、台所に立つ母に代わってお膳立てをするのは、私たち子どもの役目でした。父は大きな木のお箸、母はそのひとまわり小さなもの。私は先っぽにちょこんと赤い塗りがほどこされたかわいらしいお箸、姉は……という具合に、それぞれ自分の決まったものがあり、テーブルの定位置に各自のお箸をおくのがお決まり。お茶碗もまたしかり。自分だけのお箸やお茶碗を持つと、愛着も湧くし、大切にもする。マイ箸、マイ茶碗の文化って、なんだかいいなぁと思うのです。

しかしながら我が家は、特別決まったものはありません。というのも、いいなと思う器を買ううちに、いっぱいになってしまい、どれがベストか決められなくなってしまったから！　それに、白いごはんと、雑穀入りとでは、盛りたい飯碗はちがうでしょう？　おすましと、具だくさんのお味噌汁では、よそいたいお椀がちがうでしょう？　だから、その日の気分でえらぶことにしたのです。

さあて、今日は何にしよう？　新米とお麩の味噌汁には、染めつけの飯碗と小ぶりのお椀を。たけのこごはんとわかめのおすましは、ちょっと重いグレイがかった飯碗と蓋つきのお椀を。「マイ茶碗」はないけれど、その日その時その味にぴたりとはまった器えらびをするのもまたいいではありませんか。

今は、娘にお膳立てを教えているところ。時おりちょっとめんどくさそうにしているけれど、きっといつかためになるはず。料理と器のよい関係を知って欲しいから今日も私はうるさく口を出すのです。

色合い、肌合い、高低差……。バランスを見ながら料理にぴたりとあてはまるものをえらびます。

染めつけの飯碗に、朱のお椀というスタンダードな組み合わせ。
どちらも小ぶりなので、それに合わせてごはんも汁物も品良く盛りつけます。

箸おき

気持ちを整える最初の小道具

音楽は聴きません、映画は観ません、なんて人がいたとしても、ごはん食べません、という人はいないもの。生きていく上で、食事って必要不可欠なもの。だとしたらおざなりにはしたくない。大切にしたい。そう思うのです。でも、毎日毎日、正直言ってめんどくさくなってしまうこともある。だから時々、ソファに座ってテレビを観ながらだらだら食べることを自分に許しています。お酒なんかちびちびやりながら。

でもそれが「いつものこと」となると、やっぱりちょっとさみしい。忙しさにかまけて、食事の時間がおざなりになってしまいそうな時、私は自分に活《かつ》を入れるために、テーブルを整えることにしています。

そんな時の最高の小道具が箸おき。まず箸おきをスッと置き、その上に箸をピシリ、料理に合う器をひとつひとつ見繕っていくと、気持ちが整うのです。テーブルを整えるための最初の道具、というかんじなのかもしれません。

我が家の箸おきは、これで全部。その他の器と比べると案外少ないなぁというのは、並べた印象。どれも小ぶりなのは、箸先をささえるものは楚々《そそ》といて欲しいからというのもあるけれど、小さなほうが器が引き立つから。

左下の六つは新潟の海岸で拾ってきた石で、最初から箸おきにと思っていたわけではなく、きれいなものを持って帰ったら箸おきにぴったりだった、といううれしい発見。以来、外を歩くと箸おきにいいものないかな？　とキョロキョロしてしまいます。

器をインテリアに

空気が変わる

古くて大きな日本家屋に住んでいる人、かつて会社の寮だった場所を改装してゲストハウス兼、趣味の部屋にしている人、もとは工場だったスペースを仕事場にしている人……私のまわりには、ふつうでは考えられない広いスペースを自分好みに改装している人たちがいます。仕事場も兼ねて、というのがほとんどではありますが、なかなか迫力のあるスケール感に毎度びっくり。

みんなに共通するのは、場所と同じで器のスケール感も大きい、ということ。ここにあるからそんなに違和感ないけれど、うちに持ってきたら相当大きいよね？　なんていう壺やら大皿やらがごろごろ。玄関の土間に、ゆうに私が入れそうな大鉢がデーンと置かれているのを見た時は、感心するとともに、感動したものです。そしてそれが家にぴったりと合っているのです。

東京のマンション暮らしではそれはなかなかできないけれど、「好きな器をポンとどこかにおく」っていうのならできる。たとえばこのりんごが描かれた器を部屋の片隅においてみると、そこのまわりの空気が変わる。直径三〇センチ近くの、彼らからしたら「小さな器」の部類に入るかもしれない器ですが、私のサイズ感にはこれくらいがちょうどいい。

だったら……と試しに、ふだん出番の少ない北欧の大皿やガラスの大鉢を、床や部屋のすみっこに置いてみる。するとまた空気の流れが変わる。ああ、器ってインテリアの要素もあるんだなぁ。自分のスケール感で、自由に。そう、何も器は料理のためだけのものではないのです。

アンティークのグラス

ＩドルとＩユーロ

中学生の頃、お小遣いをはたいて買った一〇〇〇円の古着のワンピースは、出かけるたびに着たくなる最高の気に入り。昨秋、古本屋のワゴンセールで見つけた和菓子の見本帳は三〇〇円という破格値にもかかわらず、開けばすぐに夢の世界に誘ってくれるすてきな本。つい先日も荒物屋の店先で見つけた一〇〇円のボウルの使い勝手がいいのなんの……。

そう。いいものはそれなりに値段が張ることもあるけれど、値段の張るものばかりが必ずしも自分にとってのよいものとは限らないのです。

このグラスもまたしかり。右はブルックリンの古道具屋でＩドルで、左はヘルシンキのヴィンテージショップでＩユーロで買ったもの。どちらも触ると手が埃《ほこり》まみれになるくらい汚れていたけれど、洗えばきっといいものになる。その時、勘がピピッと働いたのです。さっそくホテルに戻って洗ってみると、そこに現れたのは、手にしっくり馴染む、なんともいい感じのグラス。Ｉドルはやや無骨、Ｉユーロのほうは繊細。質感こそちがえど、両方とも「私にとってのよいもの」なのでした。

人の意見や、世の中の常識に振り回されず、自分の勘を信じてものえらびをしたい。いつもそう思っています。だって使うのは他の誰でもなくて自分だもの。価値のあるもの、そうでないもの、新しいもの、古いもの、人気のあるもの、ないもの、値段の高いもの、安いもの。ものをえらぶ時、いろんな思いが頭をよぎるかもしれないけれど、まずは自分の勘をたよりに。それすごく大事。

志良政天祥堂（飛騨高山）

電車で行っても車で行っても、東京からはずいぶん遠い飛騨高山。それでも、ここ最近、毎年訪れているのはどうしてなんだろう？　と考えると、ぶらぶら散歩しながらの骨董屋巡りがとっても楽しいから。

ここ天祥堂は、金沢の友人に連れてきてもらって知った店。暖簾《のれん》の奥は、何やら入りづらい雰囲気なのですが、いえいえどうしてご主人、とっても親切でたずねればなんでも答えてくださる。そしてうれしいことに、いい感じにほうっておいてもくださる。この塩梅《あんばい》がなんともいいのです。

広い店内、時間をかけてゆっくり見るのはいつものこと。まずは一周して目に留まったものを覚えておき、次にもう一周。すると、あれ？　またいいもの見つけちゃった。こんな具合に滞在時間に比例して、欲しいものが増えていくお店でもあります。この前来た時は麦わら手のお猪口、その前は珉平焼《みんぺいやき》の豆皿。そして今回は、ほおずき柄が印象的な蕎麦猪口をふたつ。あつかうものは多岐にわたっていて、地元高山の渋草焼《しぶくさやき》や、漆器、飛騨地方の古民具をはじめ、全国各地から。ご主人は「おおらかなものや、デザイン的におもしろいもの」がお好きなんですって。

目を養うのはどうしたらいいでしょうね、とたずねると「美術館に行ったり、民藝館に足を運んで、とにかくいいものを見ること」。それから「失敗をしてもいいからまずは買うこと」とご主人。買いものをする間に聞く、こうしたお話、すごくためになるのです。

ずらりと並ぶ器、器。よく目をこらすと、
陰にもいいものがひそんでいたりして。
ちょっと宝探しみたいな感覚になります。

蕎麦猪口は、豆皿と一緒で
柄えらびがたのしい。

お店の創業は明治17年。時代の移り変わりとともに売れるものも変わってきているそう。「昔はおおらかで大きなものが売れたけど、今は家が小さくなってきているでしょう？」なるほど。

こちらは、200年くらい前に作られたというくらわんか。

ご主人の白川正雄さん。奥からめずらしい焼きものを出してくれたりも。

倉坪（飛騨高山）

街をぶらぶらしている時に、なんとはなしに入って、出てきた時には漆の器で両手いっぱい、なんて思い出のある店が、ここ倉坪です（九三頁の千鳥のお椀もこちらで）。創業は昭和のはじめ。もともとは物のない時代に生活にまつわる雑貨や古着の商いからはじまったとか。一階は漆器や陶磁器、民具が。二階は昭和初期にかけての大型家具や客用の揃いの漆器などが並びます。

「地元、高山の蔵にあったものを買い取った蔵出しのものが多いんです」と、ご主人の倉坪哲也さん。蔵出しもだんだん少なくなってきたとはおっしゃいますが、やはりまだまだこの辺りの古い家には、掘り出しものが潜んでいるのですね……。

さて、ここでの私のおめあては漆器。どうしてかというと、千鳥のものも含め、前にこちらで買ったお盆やお椀がとても使いやすかったから。そしてお値段ひかえめというのもうれしいところ。「漆器、使ってみたいけれど作家のものを買うのも……」とためらう方に、まずは古いものを使ってみては？　と大きな声ですすめたいと思います。

お椀をはじめ、お膳に重箱、椿皿、折敷《おしき》、おひつ……漆器のほとんどは輪島のものとか。つややかで、手に取ると温かで。いつものテーブルにひとつ漆器が入ると、しまるところもうれしい。古いものだから多少のキズがないわけではないけれど、そこはじっくり状態のよいものをえらんで、「これ！」という気に入りを見つけてみて。

並べてみていると一口に「漆器」といえども、
本当にいろいろな質感があるものだなと思う。

店の奥のそのまた奥。重なるお盆
をすべて取り出して物色中。

2階に上がると開けたばかり、
まだ店に出る前の蕎麦猪口が。

窓側にはガラスの器も。
コーナーごとに売られ
るものはいろいろです。

箱に入った吸いもの椀。
10客、20客と単位が大きいけれ
ど、友だちと分けたり、旅のお土
産にしてもいい。

富山のみの市（富山）

富山縣護國神社で行われている富山のみの市がいいらしいという噂を聞いたのは十年くらい前。なんとはなしに気になって、富山や金沢の友人知人にその様子をうかがうと「よく行くよ、たのしいよ」とのこと。とくに富山の知人は毎月、必ず訪れるとか。そんなに古いもの好きだったんですねぇ、知らなかった！　と驚いていると「器はいいものがあったら買うというかんじ。私は野菜やパンが目当てなのよ」ですって。そうか、骨董市でもあるけれど、富山の人たちにとってここは暮らしに馴染んだ市でもあるのですねぇ。

その時々で変わるといいますが、出店数はおよそ一八〇。早起きして向かうと、鳥居の向こうはもうすでに大賑わい。ああ、もっと早く来ればよかったな。コーヒーやうどんなどの出店も出ていて、ちょっと気になるところではありますが、とにかくまずは器から。

瀬戸の片口、石皿、くらわんか皿。まだ到着して間もないのに、両手がずしりと重くなってくる。知人のように、ぶらぶら歩いていいものがあったらめっけもの、という人もいれば、いかにも買うぞとやる気の人もいて、その温度の差が見ていておもしろい。私はといえば、その中間くらい。……にもかかわらず、すでにこの量とは、ひとまわりしたらどんなことになるんだろう。

この日は、途中、食べたり飲んだりもたのしんで、最後、蕎麦猪口ひとつ買っておしまい。市の雰囲気に飲み込まれず、あわてず。余計な買いものをしなくなったのは、今までたくさん失敗を重ねてきたから。大人になったものです。

きりゅう（金沢）

友人が多く住む金沢。彼らをたずねて遊びに行くうちに、好きな場所や店が少しずつ増えてきて、それと同時に顔馴染みも増えてきて……ずいぶん身近な街になりました。二〇一五年に新幹線が開通してからは、より近い存在に。とつぜん、明日金沢に行こう！　なんて思い立ってもすぐに行けるのがうれしい。

いつだったか「まさこさん、好きだと思う」。金沢で姉のようにしたっている方に連れてきてもらったのが、こちらのきりゅう。店に入ると目に入るのが、輪島塗の漆器がずらりと並ぶ棚。おおーっ、さすが金沢！　と見入っていると、「どうぞ手に取ってね」そう、声をかけてくださったのが店主の桐生洋子さんでした。「器は使ってこそ。だからここにあるものは、使いやすくて値段も手頃なものが中心なんですよ」と桐生さん。ご自身が、これに料理を盛りたいな、これでお酒を飲みたいな、と思う器を置いているのだとか。「お店に来た方が、お気に入りを探して楽しかったわ、なんて気持ちよく帰って行かれるのがうれしくて」。じっさいきりゅうで買ったふだん使いの器が家に馴染んだからと、また買いに来られるお客様も多いのだそう。「漆器がリーズナブルだからと、小さなお子さん用に買って行かれるお母様も多いんですよ」。早くから、よいものに触れるってすごくうらやましい。なんだかいい話です。

今日私は、瑠璃《るり》色の古伊万里の小鉢を買いました。帰りに近江町市場に寄って、食材買って。家に帰ったらさっそく料理をしてこれに盛ろう。帰ってからも旅の楽しみは続きます。

金沢古民芸会館（金沢）

今から十年以上前、娘と一緒のはじめての金沢旅で訪れたのが古民芸会館。漆器や、やきもの、ガラス、小引き出し、竹細工……ありとあらゆる古いものがぎっしり並ぶその様子に、私たち親子はわくわくしながら店の中を探検したものでした。

その時に「ママ、これきれい……」そう言って娘が手にしたのがとても繊細なレリーフが入った小皿（一二九頁のすだちを入れた器がそれ）。「こんなに小さいのにいいね、きれいなものが好きって。いいもの見つけたね」そう声をかけてくださったのが店主の西尾行雄さんです。

その後、お引越しをされ、前より広くなったお店はさらに「探検」のしがいのある店になりました。「幅広くなんでもあるのがうちらしさ。来たらなにかしら欲しいものが見つかると思いますよ」。

その通り、かき氷を入れるのにぴったりなガラスの器や、漆のお盆、なます皿。家で使うのはもちろん、スタイリングの仕事で使うものを探す時も、「これだ」という頃合いのいい器が見つかる。東京で料理屋をしている知人も言っていましたっけ、「金沢に来るとまずはここに足が向いちゃうわよね」って。

お店の営業日は年間なんと三百六十日。「大晦日と正月三が日以外は無休です。だって、せっかく来たいと思ってくれているお客様がいるのに、休みだったらがっかりするでしょ？」と西尾さん。営業時間外でも、臨機応変に対応してくださるとか。なんとも懐の深いお店です。

ガラスのショーケースの中に入っていた九谷のお皿。P89以外にも魅力的なものが……。

こちら、器が並ぶ１階。２階には家具や戸板などの大きなものが。私の隣にいらっしゃるのが店主の西尾さん。

sayuu
（金沢）

「金沢」と聞いて、だれもが思い浮かべる場所が、町家が立ち並ぶひがし茶屋街ではないでしょうか。その茶屋街のメインの通りから少しはずれたところにたたずむのがsayuuというお店。金工作家の竹俣勇壱《たけまたゆういち》さんのお店です。

すっきり美しい店内に並ぶのは、スプーンやフォーク、プレートなどの竹俣さんの金属の作品と彼がえらんだ器。器は今の作家のものもあれば、古いものもあり。店の中のしつらえもふくめて「ああ、こういうものが好きなんだな」という意思のようなものがヒシヒシと伝わってくる店です。

もうひとつ、新竪町にKiKUというギャラリーを持つ竹俣さん。さらには全国各地で個展をされていて、大忙しの作家さんですが、金沢にいる時は、このお店の奥の作業場で店番をしながらコツコツと作品作りをしているとか。もしもお店で見かけたら、ぜひ声をかけてみて。ふだんあまり会うことのできない作家と話ができるのはとてもよい機会。手入れの方法や、使い方、どんな料理に合うか、どんな器と合わせたらよいか、などなどせっかくなので、いろいろ聞いてみましょう。眺めるだけでは分からない器の魅力に気づくことも多いかもしれません。

sayuuというお店の名前の由来は「右と左の位置が分かると自分の立ち位置が分かるから」なのだとか。作家であり、店の店主であり、他のデザイナーや作家と組んだり。多方面に活躍する竹俣さんが、いつも淡々としたいことを形にできているのは立ち位置がしっかと把握できているからなのかな。

入り口から入る光が古い町屋の中をやさしく照らす。思わず長居したくなる空間。

スプーンの形もいろいろ。
１本ずつ買えるのがうれしい。

骨董屋や市で見つけた道具とご自分の作品と合わせてひとつの箱に収める。この世にひとつしかない茶箱。

ガラス棚の中の器の配置や、見せ方など、ディスプレイも参考になります。

九谷焼

古いものを買ったらまずは、家に帰っててていねいに(時にはゴシゴシと)洗います。そのあと拭いて、乾かして。食器棚に入れる前に、しばらくの間、なんとはなしに目につくところに置いておきます。たとえばリビングのテーブルとか、ダイニングのカウンターとか。するとだんだんと目に馴染んできて、愛着が湧いてくる。買った器を前に「さあ、どんな料理を合わせよう?」。なんて考える時間がとても好きです。

九谷焼のこの皿は、金沢古民芸会館で見つけました。今まで「きらびやかで見目麗《うるわ》しすぎる」とか「私の器とは合わないかも」なんて先入観があった九谷焼ですが、この皿なら大丈夫、そうピンときたのです。黄色や緑など九谷独特の色を使ってはいるものの、全体的にとても落ち着いた雰囲気というところがいいではありませんか。じっさいに使いはじめると、土ものが多い我が家のテーブルにちょっと色が入っていい感じ。これだったら、いつか鉢のような大きなものもいけるかもしれない。俄然、自信がついた私です。

値段は五枚で、ワンピースが買えるくらい。けして安くはありません。もしかしたら、旅の途中でなかったら、買ってはいなかったのかもしれない。旅に出た高揚感や、せっかく来たのだし、何か記念になるものを……そんな気持ちが強く私の背中を押したのでしょう。これから旅するごとに、少しずつその土地ならではの器が増えていくのかな、それもまたいいものだな、なんて思っています。

旅の戦利品

石皿

骨董市は、ひとりで行くより友だちと行くほうがだんぜんたのしい。とはいっても、それぞれのペースがあるから、目的地に着いたら別行動が基本。時々、会って、買ったものを披露しあったり「あそこにいいのあった」なんて情報を交換したり。一緒に行く友人たちは皆、自分の好きなものが分かっているから、買い物が早く、時に先を越されてちょっとくやしい思いをすることもありますが、それも含めての「たのしさ」なのです。

富山のみの市もわいわい、かしましい友人たちとともに訪れました。さあ、今日はどんな出合いがあるかな。気持ちは前のめりです。するとすぐに目に入ったのがこの石皿。三〇〇〇円なり。じつは、石皿があったら買おうと心に決めていたのでした。こういう時は、あとで来ようなどと思わずすぐに買います。途中、友人に会って見せると「いい買い物したね」とうらやましそう。同じ大きさの、同じ店にまだ売ってたよと伝えると、数分後「買っちゃった」と得意満面。よかったねぇ。家に帰ってさっそく盛ってみたのは豆もやしのナムル。直径三〇センチはある、堂々とした皿は、どんな料理も受け止めてくれそうです。

豆もやしのナムル

①沸騰した鍋に塩を少々と豆もやしを入れ、蓋をして5分茹でる。

②①をざるにあけ、ボウルに入れ、塩とごま油、小口切りにしたとうがらしとすりおろしたにんにく少々、白ごまを入れ、手であえる。

こういったあえものは、べたっとひらたくせず、少し山高に盛りつけると様になります。

旅の戦利品

お椀

飛騨高山の倉坪で見つけたのは、木箱に入った蓋つきのお椀。蓋の部分に千鳥が三羽。ああ、かわいらしい、欲しいなぁ……と思ったけれど、箱の中のお椀を数えてみると、一、二、三……二〇個!? うーむとひるんでいた私にお店の方が「半分でお売りしますよ」とやさしいひとこと。よし、買おう!

……けれども、箱から半分取り出すうちに、なんだか離れ離れにするのが悪いような気になってきました。ここで出合ったのも縁。買いやすい値段ということも手伝って、一箱まるごと買うことにしました。

大きな気持ちになった理由はひとつ。ちょうどあるイベントで古い器をたくさん買いつける、という仕事をまかされたことが原因。「ものをたくさん買う」ということになんだか慣れてしまったというわけです。

さて、とにかく食器棚におさめなくては。ひとつひとつ薄紙に包まれ、箱の中にきゅっと詰まっていたお椀を取り出し、きれいに洗って拭いて。その後、かごに入れて棚へ。

娘にいいでしょう? と見せると「いいけど、それにしてもその量……」さすがに二〇個はね、と少々あきれ顔。でも、かわいいから小さな子にプレゼントしたら喜んでくれるかも? と素晴らしいアイデアを授けてくれました。

いるいる、離乳食がはじまったばかりのあの子にあの子。おかゆとか、やわらかく煮たお野菜とか、きっと合うだろうなぁ。かくして巣立っていったお椀は今のところ五つ。お椀はじめは千鳥なんて、すてきではありませんか?

ざる

ざるも器のうち

かごやざるの類《たぐい》が昔から好きで、旅先などで見かけると、もうたくさん持っていると思いつつも「旅の記念に」とか「この素材は珍しい」などと、心の中でひとり言い訳みたいにつぶやきながら、買ってしまいます。まわりの人は、似たもの持っているんだからもういいじゃない、と呆れているようですが、いえいえ、これが私にとってはひとつひとつ全然ちがうのです。

それでも、自分の中の「今はこれ」という流行《はや》りはあるみたい。三十代の頃は根曲竹《ねまがりだけ》や篠竹《しのだけ》など、寒冷地で育った荒々しい竹を使った、いかにも「暮らしの道具」というようなものが好きでしたが、四十代に差し掛かってからは九州地方の「白竹《しらたけ》」とも呼ばれる真竹《まだけ》を使った、ちょっとすらっとした印象のものへ。そして今は、同じ真竹でも手の込んだ工芸品に近いものに目がいくようになりました。

テーブルの上にも頻繁に登場しますが、ざるのいいところは、軽やかさとか、清々しさを運んでくれるところ。ゆで上がったとうもろこしや枝豆を盛ると、「わー」なんて歓声が上がることもあって、こんな時、料理は盛るものによって本当に印象が変わるものだと思うのです。

ちょっと汁気のあるものやおにぎりなどは、葉を敷いた上にのせると、葉っぱの視覚効果も手伝ってか、よりおいしそうに、そして華やかに見えます。九州土産にいただいたざぼんもほら、この通り。器とはまたちがって見えるでしょう？　そう、ざるも器のうちなのです。

収納はダイニングのワインセラーの上。しまいこまず、すぐ手が届くところに置き、よく使う。

上左と真ん中は戸隠《とがくし》の根曲竹、その右横は篠竹で編まれたもの。他はすべて真竹。
えらぶ基準は、手がきれいであること、きちんとしていること。

トレー

母が教えてくれたこと

我が家の洋部門のトレーを並べてみたら、北欧のものばかりということに気がつきました。ダイニングのテーブルが北欧のチーク材を使ったもの、ということも大きく影響しているのかもしれません。なんといっても相性がいいもの。

三角のトレーはスウェーデンの作家のもので、曲げわっぱと同じような曲木《まげき》の作りだからか、なぜかおにぎりも合う。でもこのトレーはかなりイレギュラー。北欧のトレーにはやはり洋風の料理がお似合いです。

どれも古いものばかりだけれど、きちんと洗えば器として使うこともできる。もちろん、パンやクネッケ、クラッカーなど直接置いても大丈夫なものに限りますが……。

バターがたっぷりの焼き菓子などは、下に紙ナプキンを敷けば大丈夫。陶器や磁器の器とはまたちがう印象になって、なかなかいいでしょう？　娘が小さな頃、お友だちが遊びにやってくるとこんな風におやつを出しました。みんな、「わー、かわいい！」なんて喜んでくれるものだから、私も得意になって、ムーミンとかマリメッコの花柄の紙ナプキンをいくつか用意したものです。

北欧のトレーではないけれど、私が小さな頃は、母も籐《とう》やシルバーのトレーにカナッペを並べてくれました。チーズ、いくら、マーマレード、ゆで卵とマヨネーズ……そうそう、それを見た私も私の友だちも「わー、かわいい！」なんてわくわく。「こうしたらふだんのテーブルがよりよくなる」そう考えるようになったのは、小さな頃の思い出がおおいに関係しているようです。

折敷

自分だけの空間

九八頁の「トレー洋部門」に対し「和部門」がこちら。和部門には、お盆の他に折敷も入れてみました。洋にも和にも共通して言えることは、そこにあると「自分だけの空間」のように感じられるところではないでしょうか。「ここ、私の陣地ね」というような特別さが。

最近、娘も大きくなって、ごはんを一緒に食べるということも少なくなりました。テーブルを囲むたのしさが減った分、ではなにに助けられているかというと、お盆や折敷。ごはんにお味噌汁、それとおかずをちょこちょこ。漆のお盆や、杉の折敷、どれもそれぞれ合う器があって、その組み合わせを考えながら、バランスよく配置していきます。大きなテーブルに直接、器を置くより、目の前に自分だけの空間を作ってあげるとうれしいみたい。いつもしているのに、毎回、わーいいねぇ、なんて言ってくれます。

登場するのは、食事の時だけではありません。おやつの時は待ってましたとばかりに小さなお盆を登場させます。四、五人いる時は、それぞれの人に合わせてお盆と器をえらび、ひとりひとりにサーブします。同じお菓子でも、お盆や器が変われば、見た目も変わる。それぞれの小宇宙が広がるというものです。

収納は重ねたり、立てかけたり。あまり重ねすぎると下のものが取り出しづらくなるので、「適度に」がポイント。棚板を増やして、二、三枚ずつ、というのが理想ですが、それが無理な場合は間にやわらかい布をはさんで。特に漆のものは傷つくと悲しい思いをするから。

すすめられて

ワインならこの人。お芝居ならこの人。アクセサリーならこの人。いろんな分野に「この人なら」と信頼できる人がいるのは、なかなかよいもの。自分では気づかない思わぬ方向に導いてくれるから。けれども器に関しては、わりと好みがかたくなでした。二十代、三十代までは。

そのかたくなさを拭《ぬぐ》ってくれたのは「こういうどしりとしたのもたまには使ってみたら？」という友人の一言。たしかに焼き締めのこんな存在感の器、持っていないなぁ、ためしに使ってみようか。なぜだか気持ちが傾いたのは、年を重ねたせい？

最初に盛ったのは、形の不揃いな小さなきゅうり。横に味噌を添えたら、あれ、なんだかいいじゃないの。肌合いが土に近いからでしょうか、今にも畑から採ったと言わんばかりのきゅうりが、しっくり、すんなり。次はいちじく、その次はししゃもと、盛るたびに、おっ、あらーなんて新しい発見がある。おまんじゅう、小さく握った塩むすび、時にはハランを敷いて出し巻き卵を……と、その勢いは増すばかりです。

洗った後、すっかり乾くまでテーブルに置いておいたら、またそれもいい雰囲気。そのまま置いただけで絵になるのです。もっと早く買えばよかったなぁ、そんな気持ちにまでなったのでした。

以来「かたくなになるべからず」と心に留める日々。だって、せっかくだもの、新しい世界が拓《ひら》けていくほうがいいじゃない？

台湾でもとめた茶器

中国茶を愉しむ
心のゆとり

お茶の時間はいつもより、少し心に余裕を持って過ごしたいものだなと思います。かさついた気持ちで雑に入れたお茶の味ほど悲しいものはないから。

お湯を沸かす間やお茶の道具をえらぶ時、いつも思い出すのは台北に住む友人の美しい所作です。中国茶の先生ですもの、それは当たり前……なのかもしれませんが、すっくと伸びた背筋や神経の行き届いた指先、おだやかな表情、そのすべてが本当にきれい。まるで映画のワンシーンのようなのです。もちろん彼女が入れるお茶の味のすばらしさは言わずもがなで、その所作ゆえのこの味なのだと毎度うなるばかり。

茶器は、台湾を訪れるたびに少しずつ買ったもの。ピンクの石をくり出して作られた急須は娘がお腹の中にいた頃に買ったものだから、もう二十年選手になります。その他は、台湾の作家のものに、古いもの。それが木の四角いボウルにギュッと入っていて、見るだけでうれしくなると同時に、小さな茶器はちょっとおままごとみたいで使ってたのしくもあります。

年に二度ほど行く台湾では、お茶はもちろん、お茶のお菓子も調達します。落雁《らくがん》みたいな緑豆のお菓子、ピーナッツの焼き菓子。パイナップルケーキに、ドライフルーツ……それを、ちょこちょこ小さな皿に並べたら、お茶の時間のはじまり。友人を思い出して、ていねいに、ゆっくりと。背筋もすっくと伸ばして……という気持ちはあるけれどできているかは分からない。いつか近づけたらいいのですけれどね。

急須

作家の創意工夫に うっとり

我が家の食器棚は、ざっくりと種類別に分けています。豆皿はここ、ガラスはここ、お茶碗はここ、というように。時々、気分転換に入れ替えたり、位置を変えたり。その時、棚板を拭いてこざっぱりとさせます。食器棚はいつも美しくいたいから。

急須は、横から見た形がきれいだったので、棚のやや上、目線の位置に置いています。持ち手は右に、小さなものから奥に行くにつれ大きなものにと置く、というのが知らずに身についた私のルール。湯のみは竹かごの中に。こうしておくと引き出しのように使えて助かるのです。時々この扉を開けてしばしうっとり。女の人が自分のジュエリーボックスを眺める時の感覚と同じなのかもしれません。私も女のはずなのに、キラキラするものではなく硬くて土っぽい急須にうっとりするのはどうしてなのか？

前の頁でちらりと書いた中国茶の先生をしている友人は、においがうつっては困るからと、それぞれのお茶専用の急須を使っています。私はといえば、そこまでのこだわりはなし。家で愉しむのだから、気分でえらんでいいのかな、などと思っています。しいてあげるとすれば、使ったらよくすすいで中をすっかり乾かしてからしまうこと。

「お茶を入れる」というひとつの道具としての急須ですが、持ち手やそそぎ口、茶こしの部分などに作家の「こうしては」という創意工夫があらわれている。そんなところもうっとりしてしまう理由のひとつなのかもしれません。

カトラリー

テーブルに小わざを効かせる

テーブルコーディネートはとかくメインのプレートえらびに心がいきがちになりますが、それに合うカトラリーえらびもとても大切。小さなものだからとおざなりにすると、全体がちぐはぐな印象になってしまいます。

持ったかんじが心地よく、使いやすいのが一番。よく使うものは、シルバーのよいものを家族の人数分、揃えるといいかなと思います。フォーク、ナイフ、スプーンが揃ったら、次に欲しくなるのは、肉切りナイフ、デザートスプーンに、デザートフォーク。私はまだ二十代だった頃「毎日、使うものだから、ちゃんとしたものを」と、これらを思い切って六つずつ揃えました。それは当時の私にとってわりと覚悟のいる買い物だったのでした。

それから二十年近く、旅に出ると少しずつ気になるものを買っています。イギリスのライという港町では柄の部分がクリーム色のバターナイフを。バカンスに訪れたプーケットでは小さな貝のスプーン。ベトナムでは水牛の角《つの》のスプーンなど。フランスではクラシカルな銀製品、北欧では持ち手が木のすっとしたデザイン……それぞれのお国柄が反映されて見ていておもしろいのです。

家では和食が多いものの、日によってカレーだったり、ベトナム料理だったり、ちょっとフランス風だったり。もちろん、その国の器をすべて揃えているわけではないので、カトラリーで「それ風」にして気分を盛り上げます。たとえば水牛のスプーンは生春巻きのタレのボウルにそえる、とかそんなかんじで、ちょっとくわえるといい。小わざの効いたテーブルになります。

酒器

くつろぎの友

夕方にはなにがなんでも仕事を終え、お酒を飲み始めるのが私の毎日の習慣。その日の疲れをねぎらうため、また明日に向かって元気をたくわえるために、など理由はいろいろありますが、じつは一番の理由は仕事に対する気力が夕方になると限界に達するから！　時には、後ろ髪ひかれることもありますが、すぱっと切り替えることにしています。

晩ごはんなににしようかなぁ？　などとぼんやり考えはじめるのは昼過ぎから。と同時に、なに飲もうかな？　とも思う。私にとっては「食べる」のと「お酒を飲む」のは同じくらい大切なことなのです。

ワイン、紹興酒、焼酎……その時によって飲むお酒はいろいろ。ワインはリーデルのグラスが基本。焼酎をロックで飲む時は厚手で大きめのグラス。「これにはこれ」と決まりがあるものだから、必然的に酒器もたくさん揃ってきました。その中で、日本酒を飲む時のとっくりや盃はここのところ大充実。並べてみると、古いものあり作家ものあり、ガラスや粉引、焼き締めありといろいろ。繊細な飲み口のお酒には薄手の磁器を、こっくりとした純米酒にはごつめの土ものをと、お酒の味や飲み口に合わせてえらんでいます。

「焼き締めはお酒を馴染ませるとツヤッとするわよ」とはある陶芸家の方のお言葉。それからというもの、とっくりから少し漏れたお酒をなでなでしながら焼き締めの肌に染み込ませるようにしています。のんびりくつろぐ夜、お酒を飲みながらできてしまう最高の手入れではありませんか。

佃さんのお椀

ちょっと
たわんだところも
いい

よく使うお椀のひとつに、佃眞吾さんの黒漆のものがあります。形に愛嬌があり、漆の塗り方も比較的ラフ。カジュアルに使えるふだんの器として、とても重宝しています。ある時、料理家の友人のところへ遊びに行くと、なにやら見覚えのあるお椀が。そう、彼女もまた同じものを使っていたのでした。毎日のごはんでも、また料理教室でも使っているとかで「いいよね、つい手が伸びちゃう」と言っていましたが、まさにその通り。

ちょっとたわんだその形は生木をひいてから乾かすからとか。「昔のお椀はだいたいそうやって作っていたんですよ。でもその自然なかんじがまたいいでしょう？」と佃さん。とんでもない形に乾いたりしないのか心配になるけれど、漆を塗れば水分が戻って丸に近づくから大丈夫なんですって。

「汁ものに合うでしょう？　多少、荒っぽく使ってもそんなに気にならないしね。うちでも毎日使ってますよ」とのことでした。毎日使う器を自分で作れるなんてかっこいいなぁ。

豆腐となめこ、れんこんのすり流し、大根のお味噌汁など、なんでも合うけれど、野菜を入れる時はちょっとごろっと大きめに切るのがお似合いです。

かぶとお揚げのお味噌汁

①かぶは葉を残し6等分に切る。かぶの間の泥をきれいに洗い落とす。油揚げは縦半分に切り、1センチ幅に切る。

②鍋にだし汁を沸かし、①を入れ火が通ったら好みの味噌で味を調える。

拝見碗

用の美に
敬意を表して

紅茶のブレンドをしている知人は、茶葉を売るだけでなく、その葉を使っておいしい紅茶の淹《い》れ方をレクチャーする教室なども開いています。ある日、彼に紅茶を数種類淹れてもらうという、ちょっと役得な会に出席した時のこと。茶葉に合う温度について。蒸らし時間について。聞けば聞くほどためになる。ふだんの私がなんと雑に淹れていたことかと反省することしきりなのでした。

その最中、気になったのが薄くてはかなげな白い器。「僕は紅茶を飲む時に使っていますが、じっさいは日本茶の茶業者や茶農家の方々が、この器に茶葉とお湯を注いで、茶葉の広がる様子や味を見るためのものなんですよ」。茶葉の形態や、茶液の色を見るには背景が白のほうが見やすいだろうし、薄い作りは冷めやすいからなのだとか。「少し冷めたほうが味が分かりやすいからでしょうか」。名前は、拝見碗《はいけんわん》。茶葉を「拝見」する時に使う道具だからそう呼ばれるらしいのですが、彼は茶に対する想いが感じられて、その呼び名がとても好きなんですって。

さてその拝見碗、私はもちろん茶葉の様子を見るのではなくて、何に使うかと言いますと、すだちの薄切りとぬるま湯を入れてフィンガーボウルにしています。直径一〇センチ、高さ五センチのその大きさがなんとも頃合いよく、かつ薄くてはかなげないでたちは他の器と喧嘩をしない。こういうちょっとしたバランスってテーブルの上においてとても重要。「用が先にあるものって魅力的ですよね」と彼は言うけれど、拝見碗を見るたびその言葉に納得するのでした。

骨つきの肉など、手を使って食べる料理の時に出番がやってきます。

くらわんか

気取りなさ

向田邦子さんの『夜中の薔薇』という本の中に「食らわんか」というエッセイがあって、そこに新らっきょうのしょうゆ漬けを作るくだりが出てきます。盛る器も決まっていて、それが大事にしている「くらわんか」という手塩皿《てしおざら》なのだ、と続くのです。なんでもそれは、落としても割れないような丈夫な皿で、江戸時代に作られた庶民の雑器なのだそう。

印象的だったのが向田さんの中で「この料理にはこの器」という決まりがあるということ。「どうも気取った食べ物が苦手」な向田さんが好んだ、くらわんかという器はいったいどんなものだろうと興味を持ったのですが、その頃、まだ二十代の初め。やれ、パリだロンドンだと気持ちが外国に行っていた私は、なんとなくそのままくらわんかの存在を忘れてしまっていました。

ところが、四十代に入ってわりとすぐ、骨董屋で目に留まったのが、ちょっと重い（向田さんの言葉を借りると「持ち重りのする」）この器。そうかそうかこれがあのくらわんかだったのだ。気にしだすと不思議なもので、骨董市などをぶらぶらしていると、すぐに目に飛び込んでくる。器は出合い。今の年になって、ようやくくらわんかが似合うようになったのだ、そう思ったのでした。

お漬物、ゆでた枝豆、ひじきの煮物。どしっとした器には、やっぱりこういうおかずがぴったりくる。重ねても多少雑に扱っても、びくともしない頑丈さもたのもしくてつい手が伸びる。毎日使う器はこうでないと、と思わせてくれる器なのです。

シルバーの手入れ

気分転換

することはたくさんあるのに、どうにも手につかない。気ばっかりあせって、さっきから考えが堂々巡り……そんな時、私はカトラリーをピカピカに磨き上げることにしています。ダイニングテーブルにシルバーのカトラリーを並べ、専用のクリーナーや布を使って端からせっせせっせ……毎日使っているから、くすんだ姿がすっかり目に馴染んでしまっていたけれど、磨く前とあとでは大違い。すっかり垢抜けた印象になるのです。

手を動かしたら動かした分、おお！　と驚くほどの効果が見て取れるのも、カトラリー磨きのいいところ。俄然やる気になるし、終わる頃には気分もすっきり。安上がりだし、ピカピカになるしでいい気分転換だなぁと悦に入っています。それと同時に、カトラリーを仕分けしているケースや引き出しもきれいに拭き、それぞれフォーク、ナイフ、スプーンをきちりと収納。これがいつもの状態ならばいいのですけれどね……。

でも、これだけは、とひとつ決めているのが「使い終わったら必ず元の位置に戻すこと」。フォークはフォークのケースへ、ナイフはナイフのケースへ。簡単なようで、前はこれができておらず、いろんなカトラリーがぐちゃぐちゃになってしまったこともありました。でも、どんなに急いでいてもこれだけは守るようにしたら、さほどぐちゃぐちゃになることもなく、時おりのカトラリー磨きだけでなんとかすっきりをキープしています。

ふだんお世話になっているのだから、これくらいはしておかないとね。

器は よく乾かすこと

器は使い終わったら、ウエスを使って、汚れを拭き取ります。これは慣れないと面倒に感じるかもしれませんが、このひと手間で、洗剤も、また洗い流すために使う水も少量で済む。いいことだらけなのです。もともとは、水場のないキャンプでの炊事から見知った知恵ですが、今では私の中では欠かせない家事のひとつとなっています。

台所の流しの横には、リネンのキッチンクロスが二〇枚。洗い終わった器は、このリネンをたっぷり使って拭きます。よく「二〇枚も!?」なんて驚かれるのですが、器はいつだって清潔でいたいもの。洗うのは洗濯機がやってくれるし、リネンは乾きがはやいから、そんなに手間でもありません。

拭いた器は、すぐに食器棚にしまわず、すっかり乾くまでざるやキッチンクロスの上へ置きます。特に忘れてはならないのが、裏の高台《こうだい》の部分。釉薬《ゆうやく》がかかっていないことも多いので、きちんと乾かさないといけません。乾いたかな？　と思っても、案外まだ、ということもあるので、一晩はそのまま置いておくといいかな、と思います。目安は、持った感触、それからちょっと行儀が悪いのですが、クンクンとにおいを嗅いでみるといい。前の料理のにおいが残っている時は、また水につけて、洗って乾かして……と振り出しに戻ります。

ダイニングテーブルの上に、ざるにのった器が置いてあるのを見ると「ああ今日も一日が無事に終わった」とほっとする。我が家の日常の風景のひとつになっています。

豆皿

なにかひとつにしぼるなら

もしも、器をひとつだけにしぼりなさいと言われたら、あなたはなにをえらびますか？　そんな質問に、友人は迷うことなく「豆皿！」そう答えていました。理由をたずねると「だってかわいいでしょう？」。汁物はどうするの？　ごはんはなにに盛るの？　なんて、つい野暮なことを聞いてしまいそうになったけれど。でも豆皿をえらぶその気持ちも分かる。だって、並べるだけでうれしくなるし、ひとつひとつ気に入りを揃えていく楽しみもあるものね。

かくいう私もたくさん持っていて、毎日のテーブルに、よく登場します。朝ごはんのお粥には、おじゃこや梅干し、漬物など、それぞれに合う豆皿をえらんでずらりと並べるとにぎやか。特別におかずを作ったわけでもないのに、豆皿が目を楽しませてくれると同時に心も満たされます。

好きでえらんだものだから、何種類並べてもどことなく調和が取れる。古いもの、作家のもの。柄があっても、色があっても、小さいから主張しない。ちょっと料理の色合いがさみしいな、なんて時に色を足すことも。そう、豆皿は服のコーディネートでいうと、スカーフとかアクセサリーなどの小物。小さいけれど、その存在は大きいのです。

収納は試行錯誤した結果、小引き出しに入れるのに落ち着きました。これだと一目瞭然《いちもくりょうぜん》。並んでいる姿を見たくて、時々、用もないのに引き出しを開けたり閉めたりして眺めたり、配置を変えたり。そう考えると、私も、なにかひとつにしぼらなければならなかったとしたら、豆皿……なのかも。

金継ぎ

センスが大事

器好きには、つとに知られた店を訪れた時のこと。前から欲しいなと思っていた珉平焼の八角皿があったので手を伸ばすと、すみっこに継ぎがしてありました。その継ぎ方が、なんというか……野暮ったいのです。不思議に思ったけれど、たずねることもできないしと、しばし立ち尽くしていたら「あ、それ俺が直したの」と店主。目利きではあるかもしれないけれど、腕利きではないんだと、ちょっと残念に思ったできごとでした。

せっかくの気に入りの器ならば、私はプロに美しく直してもらいたい。継いだ跡が「味」に取って代わってくれるような器にしてもらいたい。自分で継ぐのにも興味はあるけれど、もし失敗したら？　変な仕上がりになってしまったら？　そう思っただけで悲しくなってしまうから。まあ、自分の腕に自信がないのですけれどね。

いつもお願いしているのは、古くからの友人で漆作家の田代淳さん。継いで欲しい器がいくつかたまったら盛岡の彼女の工房に送るようになって十年ほど。その仕事ぶりは、とてもていねい。すっきり美しく生まれ変わった器を見る度、頃合いのよさとか、加減のよさとか、要するに「センス」を感じるのです。

金、銀、白漆……色はいつもおまかせで。器の色に馴染ませる時もあれば、「こう来たか！」と意外な色合いの継ぎをする時もあって、毎回、届くのが楽しみでしょうがない。器を割ってしまった時のやるせない気持ちがなくなったのは彼女のおかげ。いつもありがとうね。

重箱

一生ものを買う

いつか欲しいと思っていた重箱をついに手に入れたのが十年ほど前のこと。その時は、ふだんの器えらびとはちょっとちがって「一生ものを買うんだ」。そんな気合がこもった記憶があります。

お重は木曽に工房をかまえる、北原久さんのもの。せっかくですもの、今度のお正月ははりきっておせちを作りますねと、北原さんに言うと「重箱だからってなにもおせちばかりじゃなくてもいいんですよ。器と同じ感覚で使ってもらえたら」。そんな答えが返ってきました。

それまで重箱にごちそうがきちんとおさまった様子しか想像していなかった私は目から鱗《うろこ》。そうか、そうなんだ。四角いいれものだと思えばいいんだ……。北原さんの言葉が私をスーッと自由にしてくれたのでした。

それからおせちを盛ったのは数えるほどで、あとはサラダや煮物、時には和菓子と、使い方はほかの器と一緒。けれども、どこか晴れがましさがあって、いつものおかずもこれに盛ると、ちょっとよそゆき顔になるところがうれしい。

すぐに使えるよう、箱にしまわずお椀などと一緒に置いて。「使ってこそ」の器ですから。

水菜のサラダ　レシピ→ p.158

猿山さんと作った磁器

こんな器が欲しかった

「鋼正堂」よりも、じつはずいぶん前から計画していたのが、デザイナー猿山修さんとの磁器の器作りでした。「ぽったり」とした温かみを持つ鋼正堂の器とはひと味もふた味も違って、こちらはすきっとシャープ。テーブルの上がきりりとするところがいいのです。私が猿山さんに伝えたのは「磁器で、少し緊張感のある器が欲しい」という大まかな輪郭と「こんな料理を盛りたい」とか、「こんな風に使いたい」という、使う側からの希望。ひとつのものの仕上がりに向かって、ともに意見を出し合いながらああでもないこうでもないと進めていく作業は、時にむずかしくもありましたが、だんだんと目指すものが形になっていくのを見るのはたのしい作業でもありました。

オーバルと丸プレート、サイズはそれぞれ大小。色は白とうすいブルーのようなグリーンのような釉薬がかかったものの二色(写真は釉薬のかかったほう)。今日は、ベトナムで食べた思い出深い厚揚げの料理を盛ってみました。ずいぶん前に買った日本の古い小皿とも合うでしょう?

洋にも和にも中華にも、エスニックにも。器を見ていると、作りたい料理がどんどん頭に浮かんでくる。こんな器が欲しかったのです。

ベトナム風焼き厚揚げ

①厚揚げはカリッと焼き、食べやすい大きさに切る。
②小皿に塩を盛り、すだちの搾り汁とよく混ぜたものを①につけながら食べる。ミントを添えるとよりおいしい。

瀬戸の片口

おおいに真似る

よく行く蕎麦屋のおかみさんの器づかいが好きです。素朴で力強い蕎麦は、戸隠で編まれた蕎麦ざるに。猪口は古い伊万里。薬味の器は、もう何十年と店で使い続けてこられた瀬戸のものとか。人数が多い時などは、時々瀬戸の大鉢にどん、と盛られた蕎麦が出て、ざるとはまたちがう印象に。繊細さと大胆さ、粋と肩の抜けどころの加減がなんともいいのです。

何度か通ううちに気づいたのは、器はもちろん、きりっとかけられた藍の暖簾や、大きな壺にどうどうと活けられた季節の葉、おかみさんのこなれた着物の着こなしなど、蕎麦を取り巻くそのすべてが素晴らしいということ。なんていうか、その店全体の「在り方」がしっかとしていて、すてきなのです。

その近くに骨董屋があって、蕎麦を食べた後はそこに寄るのがおきまりのコース。ある時、見つけたのがこの古い瀬戸の片口で、見た瞬間、そうだ私もおかみさんを真似て、大胆かつ繊細な盛りつけをしてみようじゃないか、そう思ったのでした。もちろんおよびはしないけれど、古いものが持つ貫禄が私の盛りつけを助けてくれて、なんだかいい感じではありませんか。いいな、と思ったらおおいに真似るべし。店でも人でも。それが上達への近道だなぁと思うのでした。

切り干し大根の煮物　レシピ↓p.158

高台つきのお盆

景色が変わる

とかく丸い皿が多くなるテーブルの上。だからその中に、ちょっと形のちがう器を入れるとテーブルに変化がつきますよ、というのは五二頁の片口の頁でも書きました。そこに高低差をつけるとさらに新鮮な印象になるもの。たとえば深めのボウル、たとえば鍋を置いて、という具合に。

金沢や富山の骨董屋や骨董市をのぞくと必ずと言っていいほど見かける、朱と黒の組み合わせのお盆。値段は二〇〇〇円くらいからと手頃なのも手伝って、大中小、三枚ほど揃えたのが五年前。いかにも「和」の風格を持ったそのお盆。我が家の器と合うかしらと思いましたが、なかなかどうして相性がいい。ちがうサイズを見つけたらまた買おうかな、なんて思っていた矢先に、そのお盆に高台がついたものを見かけた私。すぐに買ったのは言うまでもありません。

おそらくお膳として使われていたのでしょうが、我が家はテーブルに椅子の暮らし。そこで思い出したのが「高低差」のこと。どれどれ、とためしにおにぎりを置きテーブルへ。すると、やっぱりいいじゃないの。台によって目線が上がるだけなのにねぇ……。小さなおにぎり、いつもより売れ行きがよかったのは、そのおかげもあるのかもしれないな、などとテーブルの上の様子を眺めながら思ったのでした。

小さなおにぎり

①白米に、黒米や押し麦、粟など、好みの雑穀を入れて炊く。
②手に塩をし、熱いうちににぎる。小さめにすると、食べやすく、手を伸ばしやすい。

エッグスタンド

朝の風景

生暖かい風に、時おり涼しげなものが混ざり出したなぁ……そんなことを感じる九月の初め、知人が営《いとな》む和食屋の前を通ると、なにやらがさごそと、棚から出したりしまったり。どうしたの、季節外れの大掃除？　と声をかけると、「そろそろ夏の間使っていた、ガラスの器なんかをしまおうと思って。器の衣替えしてるのよ」とおかみさん。わーいいなぁなんて風情なんだろ。そういえばいつもさりげなく季節を感じるしつらえをしてくれているものね。

その季節にあった器えらびは憧れるけれど、収納の問題とか、心の余裕とか、そんなこんなで家ではなかなかかなわない。けれども、おやつの時間はこれ、お酒の時間はこれ、なんて一日の中で、使いたい器はそれぞれあるもので、中でも「これは絶対に朝使うべきもの」と決めているのがエッグスタンド。だって、ゆで卵がエッグスタンドに乗っている姿は、朝食以外に考えられないもの。

好きなのは、温泉卵にトリュフ塩を少しずつかけ、カリッと焼いたトーストをつけながら食べる、という方法。そんなに毎朝食べるわけではないけれど、この風景が見たいからついつい作っちゃう。今日はどのエッグスタンドにしようかな、なんて思いながら。

漆器の手入れ

自分の手と同じように

漆器は扱いがむずかしいと思われているけれど、そうかな？　そうでもないよと私は思うのです。というのも、ある漆芸家の奥さまから「漆器は自分の手だと思えばいいの」という言葉をかけてもらったから。

そうか。水につけっぱなしは気持ちよくないし、汚れていたらそのままにしておくのは嫌。タワシや固いスポンジでごしごし洗われたらたまらないし、ましてや食洗機にかけるなど！　なんと分かりやすくて優しい説明なのだろうと、膝を打ったのでした。聞けばご主人の展覧会などでも、お客様にそのようにお伝えすることが多いとか。その言葉で、どれだけの人の「漆器はやっかい」という思いを取り払ってこられたのだろうか。

手に持った時に感じるあたたかみ。口につけた時に伝わるしとやかさ。使うたび、ああいいなと思う漆器の器。だからこそ「漆器は自分の手」の言葉を肝に銘じて、きちんと向き合いたいもの。

使い終わったら、ぬるま湯につけやわらかい布で洗います。それでも落ちなかったら、薄めの洗剤をつければきれいさっぱり。洗い終わったらそのままにせず、すぐに拭き、クロスを替えて二度拭きして。その後は棚にしまいこまず、よく乾かすことも大切です。それから注意したいのは、陶器や磁器の器を上に重ねないこと。高台のぎざぎざがやわらかい肌を傷つけてしまいますからね。

手をかけたらその分応えてくれる、それは器も自分の肌も同じこと。いつでもつややかでありたいものです。

テーブルの色を思い出して

時々、器のイベントなどで百貨店の店頭に立つことがあります。これが、ふだん、本や雑誌を通してでしかお伝えできないことをお伝えするとてもよい機会。それと同時に、お客様と話をしていると、いろいろな発見や驚きがあって、たのしいし、私自身の勉強にもなります。

即決する方もいればうんと迷われる方もいて、買い物の仕方はお客様によってまちまちなのですが、みなさんに共通しているのが、器を買う時にその器だけに目がいっている、ということ。え、それでいいんじゃないの？　そう思うでしょう。もちろん、いいんです。手に持ったり口につけることもある器ですもの、質感や触り心地がいいのが一番。見た目だって重要です。でも、じつはお店の中って、家よりうんと広いからサイズ感が少々狂うし、照明もずいぶんちがうもの。だから一度、買いたい気持ちを二割ほどぐぐっと抑えて、家の風景を思い出すようにしては？　とお伝えすることにしています。

まずはダイニングの光の加減。朝から日が沈むまではどんな様子か。照明は白熱灯？　はたまた蛍光灯？　明るめかそれとも暗めか？　などなど。光の当たり具合で器の表情はずいぶん変わるものなのです。それからとても重要なのが、テーブルの色との相性。要はベースとなる色と器が合うかどうかということ。一口に木と言ってもいろいろですし、天板がガラスという方も、またいつもクロスをかけている、という方もいるかもしれません。「気持ちを二割抑えて使う状況を思い出す」。これ、買いものに失敗しないコツです。

お膳立て

すべて揃って「ママのごはん」

娘が大きくなって、私の子育てもまずは一段落です。そこで今まではあまりできなかった長期の旅に出ることにしました。旅に出る前は、おかずやスープを作りおきし、冷蔵庫と冷凍庫を充実させて出発です。

さて、旅を終えて家に戻ると、作っておいたものが全然減っていないではないですか。どうしたの？　とたずねるとなんだか浮かぬ顔。まあ、とにかくごはん食べようか？　とテーブルに準備すると「そうそう、これこれ」とうれしそう。「食べるものだけあればいいってもんじゃないんだよ」。器があって、きちんと盛りつけしてあって、私がいて。そのすべてがあって、「ママのごはん」なんですって。

食事のたびに、よかれと思う器を見繕う。それは時に面倒だったりもするのだけれど、でも、せっかくならば、テーブルの上の風景は美しいほうがいい。食事って、ただお腹をいっぱいにするだけのものじゃあない。おいしいものだって、雑によそったら残念なものになってしまうし、気持ちだってささくれだつ。いつも私が思っているけれど、口には出さなかったことを、娘はなんとなく感じ取っていてくれたんだ。

だからふだんちょっと留守にする時は、なにかあったかい食べものを鍋に用意し、テーブルにはそれに合う器を準備する。私がいなくても、放っているんじゃないよ、ちゃんと見ているよ、という私のささやかな合図。器の力は大きいのです。

合鹿椀

器の大きい器

いかつい男の人たちばかりが集まるお酒の席。散々飲んで食べての後に、出されたのは熊だったか鹿だったかの肉と野菜がごろごろ入ったお味噌汁でした。その豪快な野菜の切りっぷりとともに、目に留まったのが高台のついた大きなお椀。それを片手で持ちながら「うまいうまい」とこれまた豪快にお味噌汁をすする人たちを見て「わぁ、かっこいい」と思わず口をついて出てしまったのはずいぶん昔。若かった私の懐かしい思い出です。

「これはね、合鹿椀《ごうろくわん》って言うんだよ」なんでもその合鹿椀とは、はるか昔、石川県能登町の合鹿地区というところで作られていたもので、古物商の間では「幻のお椀」などと呼ばれ、とても人気を集めたとか。私がそのお酒の席で見たお椀は現代の角《かど》偉《い》三郎《さぶろう》（二〇〇五年没）という作家が作ったものなのですって。

「いいでしょ、力強くって」とその器の持ち主は言ったけれど、たしかに一度見てしまうと目を離せないほどインパクトのある力強い器。けれども、いいなと思う器と、自分に似合う器とはまた別のもの。気にはなりつつも手を出さないでいたある日、旅先の骨董屋の店先に、この角さんのお椀が飾られているのを発見。なぜだか「今だ！」そんな気がして……とうとう自分のものになったのでした。

ちょっと敷居の高かった合鹿椀。でも、使ってみるとそんなこと全然ない。お味噌汁、にゅうめん、こんな風にくだものと合わせてと、なんでも受け入れてくれる、器の大きい器。一生つきあっていきたい器でもあります。

四寸皿

おすすめのサイズ

「器えらび、なにをどこからどうやってはじめたらいいのか分からない」と言ったのは二十代の友人。食べるのが好き、だからもちろん器にだって興味がある。しかもこれから新生活をはじめるし……だから器を揃えたいんだけど、いざ買いに行くと、どうしたらいいのか分からなくなってしまうんですって。

そこで私が提案したのは、まず基本の飯碗とお椀を揃えること。それからパスタや肉料理を盛るプレートがあったら当分の間はなんとか過ごせるんじゃないかしら……そして数カ月後。「まさこさんの言う通り、まずは飯碗とお椀とプレートを買ってみました。次どうしよう?」。

……うーん。家では何を食べることが多いの? と聞いたら「おだんご、かなぁ」との返事が。おお、おだんご! だったら、四寸くらい(直径一二センチほど)の大きさの皿は? これだったら、おだんごはもちろん、小さめのおにぎりや、ちょこっとしたおかずなんかもいけるよ。収納にも困らないしね……先輩風を吹かして気づいたのですが、私もこのサイズのお皿にはいつもずいぶん助けられている。豆皿ではちょっと小さい。でも、五寸だと隙間ができちゃう。そんな時に、なんとも塩梅いいのです。

平日、ひとりの昼ごはん。なんとなくちょこちょこ余ったおかずを、ひとつひとつのお皿にきちんと盛って。するとどうでしょう、テーブルの上がにぎやか、ちょっとうれしい時間になる。使いやすいお皿は人それぞれだけれど、四寸皿なかなかおすすめです。

器の組み合わせ方

コーディネートは服と一緒

さて、出かけましょう。黒のカシミヤタートル、黒のウールのパンツ、黒い革のブーツ。それぞれそれなりに、好きで買った気に入り……のはずなのに、鏡の前にいる自分がなんだか野暮ったい印象。慌てて、パンツをてろんとしたやわらかい質感のものに、黒のエナメルのひも靴にして、ふー、やれやれ落ち着いた、となるわけです。もしも黒一色でまとめたいのならば、質感を変えるといい。ふわっとしたもの、光るもの、やわらかいもの……それらをうまく組み合わせると、ちょっとひねりの効いた着こなしになるものです。

テーブルの上でもそれは同じこと。厚手の陶器の器ばかり並べると、どうにも重苦しくなってしまう。「今日はこのネイビーのワンピースが着たいから、靴は少し淡いブルーのサンダルにしよう」なんて、服のコーディネートを考えるのと一緒で、メインの器をまずは決めるといい。どしりとした陶器の器をメインにしたならば、取り皿は磁器に、ガラスなども組み合わせると、軽やかで動きのあるテーブルになります。

我が家の食器棚はリビングにあって、それぞれ右が洋、左が和に分かれています。器をえらぶ時は、まずは開いてメインを決め、それから……となるのですが、そう、これもまた服をえらぶ時と一緒。食器棚もクローゼットも、要は同じこと。私のおすすめは、出かける前、鏡で全身をチェックするように、ちょっと引いた目でテーブルの上を見ること。写真を撮るのも、一歩引いた目で見られるのでおすすめです。

根来
三段重

和の食器棚の右は、豆皿が入った小引き出し、染めつけ、折敷など。
もう少し棚板を増やしたいところですが、今は様子を見ているところ。

和の食器棚の左は、飯碗、お椀、どんぶりなど、毎日使うものを。
一番開く頻度の高い扉です。

パラティッシ シリーズ

古いものや作家の器との出合いは一期《いちご》一会《いちえ》。気になるものと出合ったら「今、ここで買っておかないと！」、そんな気持ちになるものです。家の器を見返すと、世界各地の骨董市やマーケットで、また展覧会で作家と直接会い、話をして手に入れた器はひとつひとつに思い出が詰まっている。それはなかなかすてきなことだなぁと思っています。それとはちょっと対極にあるのが、いつでも安定した製品と量を消費者に向けて生産するプロダクトの器です。それらは多くの人に愛される、シンプルで飽きのこないデザインが多く、販路も広いため手に入りやすい。割ってしまったり、使っているうちに買い足したくなったとしても、可能な場合が多いというのが利点です。

このアラビアのパラティッシ シリーズもそのひとつ。もう二十年以上も前に、友人のご実家の古い食器棚にこのシリーズが並んだ様子がとてもすてきで、私もいつか……と憧れていたものでした。パンジーにぶどう、りんごなどのフルーツがモチーフとなっていて、色のついたものもあり。少し迷いましたが、手持ちの無地のプレートとの相性もよさそうなモノトーンをえらびました。

使ってみて気づいたのは、古いものや作家の作る器の温度や湿度のようなものを抑え、おだやかでフラットなテーブルにしてくれるということ。プロダクトのもつ利点である「形や肌合い、色合いが一定であること」それが、さりげないテーブル作りに一役買っている。量産のものと手で作られるもの、そのほどよいバランスをどうするかが、じつはなかなか難しいのですけれどね。

OVEN TO TABLE
ARABIA
FINLAND
paratiisi
DISHWASHER SAFE
MICROWAVE SAFE

器の用途

器はいろいろに使える

知人の店で服を買った時にふと目がいったのは、おつり入れ。それは、女の人の横顔が描かれた北欧のヴィンテージの絵皿でした。それまで、飾る器にあまり興味がなかった私は、ハッとしました。そうか、こんな風に使ってもいいのだ、と。いまだに絵皿こそ持っていないけれど、料理を盛るだけでなく、器を家のあちらこちらで使うようになったのは、そのおつり入れを見たことがきっかけです。

玄関に置いた椅子の上には、四角いプレートと、まん丸い手つきの陶器の器を置いています。四角いほうはトレーのような感覚。その上の手つきの器には鍵を、四角い木のいれものはハンコを。また、台所の流しの近くの丸いお皿は、ハンドクリームと指輪を。細々としたものの定位置が決まって、あれどこいったっけ？　と探す手間がなくなったとともに、見た目もなかなかいい感じになって気分がいい。

小物入れにしている器は、もちろん料理を盛ることもあります。玄関の四角い皿は、豚のローストや田舎パンなど素朴な料理がお似合いですが、ナッツやチーズを盛り合わせたり、器が見えないくらいたっぷりと葉野菜を盛ることも。ある時は玄関、ある時はテーブルの上と行ったり来たり忙しい器ですが、用途や場所が変わると、新しい器を手に入れた時のような新鮮さがあるもの。なんとなくパターンにはまりがちな器づかいに飽きてしまった時に、ぜひおためしあれ。「お!?」という驚きがありますよ。

N.
POUR LES MAINS ET LES PIEDS

おわりに

プロダクト、
一点もののヴィンテージ、
作家が作ったもの。
日本で、
またそれに飽き足らず北欧やフランスなど、
世界のあちこちで。

あらためて食器棚に並ぶ器を見渡してみると、
よくもまあ集まったり、
と自分でもちょっとびっくりします。

どれが大切、と一番があるわけではなく、
私にとってはどれも大切。
古いも新しいも、
安いも高いも分け隔《へだ》てなく、

「好きなもの」という
とても単純な理由で集まった
自分の食器棚の器が大好きです。

内田さんや猿山さんと始めた器作りも、
これからさらに発展しそうだし、
年を重ねて好みが変わるかもしれない。
もしかしたら、
「もう器、持たない!」なんて言い出す日だって
来ないとは限りません。
でもそれはそれ。
自分でも、これから器とのつきあいが
どう変化していくかたのしみで仕方ありません。

二〇一九年三月　　伊藤まさこ

p35 チャーシュー

①ジッパー付きのポリ袋に、豚肩ロースの塊としょうがのスライス、ネギの青い部分、しょうゆ、紹興酒、三温糖を入れ常温で2時間ほど置く。
②180度のオーブンで40〜50分ほど、時々、タレをかけながらこんがりと焼く。タレと肉汁をいったん煮立てたものに、ゆで卵をつけてもおいしい。香菜をそえて。

p48 ビビンバ

①牛肉は食べやすい大きさに切り、しょうゆと酒、砂糖、すりおろしたにんにく少々で漬け込み、焼く。
②ほうれん草は5センチに切りゆでて水気を絞り、ごま油と塩、白ごま、海苔を入れよく混ぜる。
③にんじんときゅうりは食べやすい大きさに切り、それぞれごま油で炒め、塩をする。
④耐熱皿を熱し、ごま油を少々たらしてからごはんを入れ、焼き色をつける。その上に、①と②と③と、キムチをのせ、コチュジャンをのせる。

p54 かぶの炒め煮

①かぶは6等分に、葉は3センチに切る。油揚げは縦半分に切った後、8ミリ幅に切る。
②フライパンにごま油を熱し、①を入れさっと炒める。全体に火がまわったら、しょうゆと酒を入れて煮詰める。

p127 水菜のサラダ

①水菜はさっと洗って、水気を取る。油揚げはかりっと焼き目をつける。どちらも食べやすい長さに切る。
②ボウルに、しょうゆ、ごま油、酢を入れてよく混ぜ、そこに①と白ごまを入れあえる。

p131 切り干し大根の煮物

①水に戻した切り干し大根は水気をよく絞り、食べやすい長さに切る。油揚げは縦半分に切ったあと、1センチに切り、どちらも鍋に入れごま油でさっと炒める。
②①にだし汁をひたひたになるまで入れ、砂糖としょうゆを足してやわらかくなるまで15分ほど煮る。

問い合わせ先

本書で紹介したものは著者の私物です。そのため、同じものが現在も手に入るとは限りません。詳細に関しましては、お電話などでご確認ください。

なお、データは二〇一九年二月現在のものです。

p.18 鋼正堂

株式会社 ほぼ日

東京都港区北青山2-9-5
スタジアムプレイス青山9F
メールアドレス：store@1101.com
https://www.1101.com/n/weeksdays/

p.22 桃居

東京都港区西麻布2-25-13石原ビル
TEL 03 3797 4494
http://www.toukyo.com

p.26 マーガレット・ハウエル 神南店

東京都渋谷区神南1-13-8
TEL 03 5459 3723
CAFE TEL 03 5459 3721
www.margarethowell.jp

p.30 日本民藝館

東京都目黒区駒場4-3-33
TEL 03 3467 4527
http://www.mingeikan.or.jp/

p.66 志良政天祥堂

岐阜県高山市馬場町1-51
TEL 0577 32 0200

p.70 倉坪

岐阜県高山市上一之町8-1
TEL 0577 33 1437
http://www.kuratsubo.com

p.74 富山のみの市

富山県富山市磯部町1-1
富山のみの市実行委員会
TEL 090 2034 1929
（市の開催前日の13時〜16時と、
開催当日のみ開通。
ただし、留守録やSMSは可能）
http://www.toyama-gokoku.jp/nominoichi/

p.78 きりゅう

石川県金沢市三口新町3-1-1 永久ビル1F
TEL 076 232 1682
https://www.kiryuh.com

p.80 金沢古民芸会館

石川県金沢市増泉3-18-3
TEL 076 244 4202
https://kanazawakomingeikaikan.jp/

p.84 sayuu

石川県金沢市東山1-8-18
TEL 076 255 0183
https://www.kiku-sayuu.com/

p.124 金継ぎ

うるしぬりたしろ

http://jun-tashi.jugem.jp
https://www.facebook.com/urushinuritashiro/

p.128 猿山さんと作った磁器

株式会社 ほぼ日

東京都港区北青山2-9-5
スタジアムプレイス青山9F
メールアドレス：store@1101.com
https://www.1101.com/n/weeksdays/

伊藤まさこ

1970年、神奈川県横浜市生まれ。文化服装学院でデザインと服作りを学ぶ。料理など暮らしまわりのスタイリストとして女性誌や料理本で活躍。なにげない日常に楽しみを見つけ出すセンスと、地に足のついた丁寧な暮らしぶりが人気を集めている。器は古いも新しいも、安いも高いも分け隔てなく、「好きなもの」というシンプルな基準で集まったものを仕事にも暮らしにも大切に使っている。おもな著書に『おべんと探訪記』(マガジンハウス)、『おいしいってなんだろ?』(幻冬舎)、『伊藤まさこの台所道具』『伊藤まさこの食材えらび』『夕方　5時から　お酒とごはん』(以上、PHPエディターズ・グループ)など多数がある。

ブックデザイン
渡部浩美

撮影
有賀　傑

製版
小川泰由

編集
見目勝美

伊藤まさこの器えらび

2019年4月3日　第1版第1刷発行
2019年4月24日　第1版第2刷発行

著　者　伊藤まさこ
発行者　清水卓智
発行所　株式会社PHPエディターズ・グループ
〒135-0061　江東区豊洲5-6-52
電話　03-6204-2931
http://www.peg.co.jp/
発売元　株式会社PHP研究所
東京本部　〒135-8137　江東区豊洲5-6-52
普及部　電話　03-3520-9630
京都本部　〒601-8411　京都市南区西九条北ノ内町11
PHP INTERFACE　https://www.php.co.jp/
印刷所
製本所　凸版印刷株式会社

ISBN978-4-569-84236-3